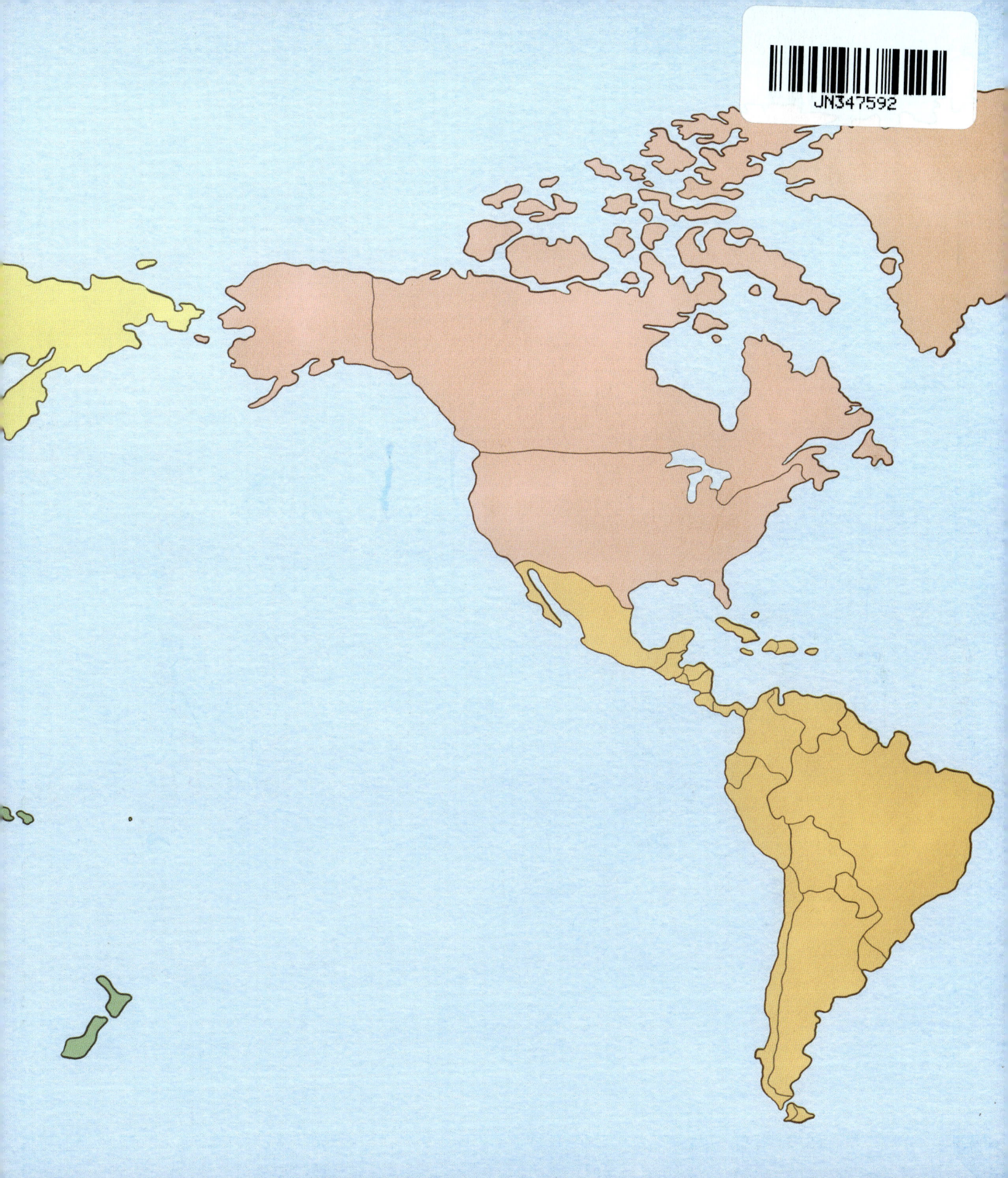

글 | 양대승
중앙대학교에서 철학을 공부했습니다.
어린이 책 작가 집단 '즐비'에서 즐거움과 감동과 지식이 즐비한 책들을 만들기 위해
다양한 글을 쓰고 있습니다. 쓴 책으로는 〈신문이 보이고 뉴스가 들리는 역사 이야기〉,
〈지도로 배우는 우리나라 우리 고장〉, 〈인체가 궁금할 때 히포크라테스에게 물어봐〉,
〈철학 동화〉 등이 있습니다.

그림 | 신은경
대학에서 일러스트레이션을 공부하고 프뢰벨 그림동화연구소에서 일했습니다.
지금은 프리랜서 일러스트레이터로 활동하고 있습니다.
그린 책으로는 〈비행기를 탈까, 헬리콥터를 탈까?〉, 〈온 백성의 힘으로 왜적을 물리치다〉,
〈흐물흐물 꼬물꼬물 뼈 없는 동물 이야기〉, 〈최무선〉 등이 있습니다.

누리 세계문화 15 독일 우리는 동화 마을 방위대

글 양대승 | 그림 신은경 | 펴낸이 김의진 | 기획편집총괄 박서영 | 편집 정재은 이영민 김한상 | 글 다듬기 박미향 | 디자인 수박나무
제작·영업 도서출판 누리 | 펴낸곳 Yisubook | 주소 경기도 고양시 일산동구 일산로67, 3층 | 고객상담실 080-890-7000
잘못된 책은 바꾸어 드립니다. 이 책에 실린 글이나 그림을 무단으로 복사, 복제, 배포하는 것을 금합니다.
⚠ 1. 사람을 향해 던지거나 떨어뜨리지 마십시오. 2. 고온 다습한 장소나 직사광선이 닿는 장소에는 보관하지 마십시오.

우리는  동화 마을

글 양대승 그림 신은경

"우리 마을은 우리가 지킨다!"
"우리는 동화 마을 방위대!"
우리는 항상 이렇게 구호를 외쳐요.
큰 소리로 씩씩하게 말이에요.
"마을을 돌아볼까?
오늘은 뭔가 특별한 일이 생길지도 몰라."
우리는 잔뜩 기대를 품고 순찰에 나섰어요.

"수상한 사람은 없나?"
여유롭게 거리를 산책하는 사람들만 보였어요.
"시끄럽게 소란을 피우는 사람은 없나?"
마을은 언제나처럼 조용했어요.
마을은 평화롭지만 우리는 따분했어요.

우리는 동네를 한 바퀴 돌고 숲으로 갔어요.
독일에는 숲이 아주 많아요.
환경을 생각해서 나무를 많이 심고 숲을 열심히 가꾸기 때문이에요.
숲은 마녀라도 튀어나올 것처럼 깊고 으스스했지만 아무 문제 없어요.
"역시 우리 마을에는 아무 일도 일어나지 않아.
동화 마을 방위대가 할 일이 없어!"
그때 어디선가 펑, 소리가 들리더니 연기가 피어올랐어요.
"드디어 사건이다. 동화 마을 방위대 출동!"

소리가 난 곳은 트렌델부르크 성 근처였어요.
동화 〈라푼첼〉의 배경으로 유명한 성이지요.
우리는 어디 부서진 곳이라도 없나 살펴보았어요.
하지만 커다란 돌담도 높은 탑도 멀쩡했어요.
그때 돌담을 돌아 수상한 아저씨가 나타났어요.
우락부락 무섭게 생겼어요.
옷과 얼굴에는 시커먼 얼룩이 잔뜩 묻어 있었지요.
"이런, 실패했군. 뭐가 문제지?"
남자는 성 쪽을 돌아보며 툴툴거렸어요.

아저씨와 우리는 얼른 자동차에 탔어요.
다행히 악당은 멀리 가지 못했어요.
그런데 아저씨는 느릿느릿 거북처럼 차를 몰았어요.
"빨리 가요. 이러다 놓치겠어요."
답답해서 우리가 소리쳤어요.
"안 돼. 여긴 천천히 달려야 하는 곳이야. 규칙은 꼭 지켜야 해."
독일 사람들은 교통 신호를 잘 지켜요.
심지어 악당도 건널목이 나타나면 차를 딱 멈추었어요.
신호등이 없어도, 건너는 사람이 없어도 말이에요.

악당은 마을을 벗어났어요.

도로를 달리는데 저 멀리 성이 보였어요.

"저긴 자바부르크 성이야."

"〈*숲 속의 잠자는 공주〉의 배경으로 유명한 성이잖아."

"저곳을 폭파하려는 걸까?"

우리는 걱정이 이만저만 아니었어요.

하지만 아저씨는 신이 나서 소리쳤어요.

"걱정 마라. 그 전에 내가 악당을 잡을 테니까!"

그런데 악당은 성을 그냥 지나쳤어요.
한참을 달려 아우토반으로 들어섰지요.
"우리가 쫓아가는 걸 눈치챈 걸까?"
"아우토반은 마음껏 속도를 낼 수 있는 고속도로지.
여기서 내 운전 실력을 보여 주마."
아저씨는 더욱 신이 나서 붕, 속도를 내기 시작했어요.
얼마나 빠른지 자동차가 마치 날아가는 것 같았어요.
하지만 악당의 자동차가 훨씬 빨랐어요.
우리는 악당을 놓치고 말았어요.

우리는 안타까워서 발을 동동 굴렀어요.
"미안하구나. 대신 맛있는 소시지 사 줄게."
머쓱해진 아저씨는 우리를 소시지 가게로 데려갔어요.
그곳은 대대로 소시지 마이스터가 하는 유명한 가게였지요.
마이스터는 자기 분야에서 최고의 기술을 가진 사람이에요.
우리는 소시지를 잔뜩 골라 맛있게 먹었어요.
그런데 바로 옆 탁자에서 악당이 소시지를 먹고 있지 뭐예요.
"바로 저 사람이 악당이에요!"
우리가 놀라 소리쳤어요.
"저분은 유명한 자동차 정비 마이스터야.
우리 가게에도 자주 들르는걸."

성에 머무는 사람의 차를 고치다가 펑 소리가 났대요.
또 수리가 끝난 자동차를 시험해 보려고
교회 앞의 차를 몰고 왔던 거예요.
우리 이야기를 들은 마이스터 아저씨는 껄껄 웃었어요.
"너희들이 동화 마을 방위대라고?
마을을 지키느라 고생이 많겠구나."
아저씨는 우리를 차고로 데려갔어요.
그곳에는 멋지고 유명한 독일 차들이 세워져 있었어요.
"내 취미는 오래된 독일 자동차를 모으고 수리하는 거야.
 다음에 놀러 오면 멋진 차도 태워 주고 소시지도 실컷 사 주마."

진짜 악당을 만나지는 못했지만 신나는 날이었어요.
우리가 정말 동화 마을 방위대가 된 것 같았거든요.
참, 우리 마을이 왜 동화 마을이냐고요?
독일에는 유명한 동화의 배경이 된 성과 도시가 많아요.
우리 마을에는 〈라푼첼〉의 배경이 된 성이 있지요.
그래서 사람들은 우리 마을을 동화 마을이라고 불러요.
동화 속 그림처럼 예쁜 마을이지요.
우리는 예쁜 동화 마을을 잘 지킬 거예요!

여기는 독일!

정식 명칭	독일 연방 공화국
위치	유럽 중부
면적	약 35만 7천km²
수도	베를린
인구	약 8,099만 명
언어	독일어
나라꽃	수레국화

쾰른 대성당
노르트라인베스트팔렌 주 쾰른 시에 있는데 세계에서 세 번째로 큰 성당이야. 아름다운 중세 건축물이지. 유네스코에서 지정한 세계 문화유산이야.

노인슈반슈타인 성
바이에른 주 퓌센 동쪽에 있어. 바이에른의 왕 루트비히 2세 때 만든 궁전이지. 미국의 디즈니랜드 성은 노인슈반슈타인 성을 본떠 만든 거래.

베를린
독일의 수도야. 1700년대부터 수도로 발전했어. 제2차 세계 대전 후 동서로 나뉘었는데, 통일이 되면서 다시 하나의 도시가 되었지. 독일의 정치, 문화의 중심지야.

독일은 유럽 대륙 중부에 있어. 덴마크, 폴란드, 체코, 오스트리아, 스위스, 프랑스, 룩셈부르크, 벨기에, 네덜란드와 닿아 있지.

다시 하나가 된 독일!

두 차례 세계 대전 이후 독일도 우리나라처럼 두 나라로 나뉘었어. 분단된 지 40년 만인 1990년에 통일을 이루었지. 지금 독일은 유럽에서 가장 강하고 잘사는 나라 중 하나가 되었어. 힘든 시간을 이겨 낸 독일의 이야기를 들어 볼래?

무너진_베를린 장벽

독일이 동서 두 나라로 나뉘었을 때 수도인 베를린도 갈라졌어. 그리고 사람들이 넘나들지 못하게 브란덴부르크 문 앞에 장벽을 세웠지. 통일이 된 날, 사람들은 가로막은 장벽을 부쉈어. 남아 있는 장벽은 관광지가 되었지.

다시 살아난 경제
_자동차 테마파크 아우토슈타트

볼프스부르크에 있는 자동차 테마파크에는 유명한 자동차가 많아. 독일은 자동차를 처음 만든 나라야. 자동차뿐만 아니라 카메라, 가전제품 등도 잘 만들지. 독일은 수출을 가장 많이 하는 나라로 유럽 경제를 이끌어 나가.

전쟁은 이제 그만!

전쟁의 흔적을 간직한_카이저 빌헬름 교회

현대적 고층 건물 사이로 다 허물어져 가는 건물을 발견할 수 있어. 1888년에 죽은 빌헬름 황제를 위해 만든 교회야. 제2차 세계 대전 때 폭격을 맞아 지금처럼 흉물스러운 모습이 된 거야. 독일 사람들은 전쟁의 참혹함을 잊지 않기 위해 파괴된 건물을 그대로 두고 그 옆에 다시 교회를 지었어.

이런 게 궁금해요!

두 나라로 나뉘었던 것, 예전엔 왕이 살았던 것, 지금은 경제 강국인 것은 우리와 비슷해. 하지만 건물 모양도 다르고 신호등에 그려진 사람 모양도 다르지. 독일에 대해 좀 더 알아볼까?

티어가르텐은 왕자들이 사냥하던 곳이야?

티어가르텐은 옛날 왕가의 사냥터였어. 독일 곳곳에서 왕들의 흔적을 만날 수 있어. 1871년 독일이 통일되기 전까지 크고 작은 도시들이 저마다 한 나라를 이루어 살았거든. 예전에는 왕이 정말 많았겠지?

전승 기념탑은 왜 만들어진 거야?

프로이센이 덴마크, 오스트리아, 프랑스 등과의 전쟁에서 승리한 것을 기념해 세운 거야. 탑의 꼭대기에는 승리의 여신 빅토리아가 있어. 이 전쟁에서 승리한 프로이센이 독일을 통일했지.

암펠만은 무슨 뜻이야?

'신호등 남자'라는 뜻이야. 독일이 동 서로 분단되었을 때, 구동독에서 어린이 교통사고가 자주 일어났대. 교통 심리학자 카를 페글라우는 어린이들이 잘 볼 수 있는 신호등을 궁리하다가 모자를 쓴 통통하고 귀여운 '암펠만'을 생각해 낸 거지.

차 조심하세요.

'박물관 섬'은 온통 박물관이야?

베를린을 가로지르는 슈프레 강에 위치한 섬 북쪽을 박물관 섬이라고 해. 이름처럼 구박물관, 신박물관, 구 국립 미술관, 보데 박물관, 페르가몬 박물관 등 세계적으로 유명한 박물관들이 모여 있어.

왕들이 살던 성도 많이 있어?

독일에는 예쁜 성이 많아. 각 나라의 왕들이 자신의 힘을 과시하기 위해 성을 지었거든. 그중 노인슈반슈타인 성이 유명한데, 미국 디즈니랜드의 성은 이 성을 본떠 만든 거래.

일러두기
1. 맞춤법, 띄어쓰기는 국립국어원에서 펴낸 〈표준국어대사전〉을 기준으로 삼았습니다.
2. 외국 인명, 지명은 국립국어원의 〈외래어 표기 용례집〉을 따랐습니다.

사진제공
토픽이미지, 유로크레온, 연합뉴스, Gettyimages, Imagekorea, 몽골문화촌

재미있는 누리 세계문화

아시아	
01	중국 | 황제를 만난 타오
02	일본 | 요코의 화과자
03	베트남 | 할아버지는 어디 계실까?
04	태국 | 무아이타이 고수를 찾아라
05	필리핀 | 차코의 소원
06	인도네시아 | 엄마와 함께 바롱 댄스를
07	몽골 | 게르에서 살까?
08	네팔 | 정말 예티일까?
09	인도 | 하누만, 소원을 들어주세요
10	사우디아라비아 | 지금은 라마단
11	터키 | 할아버지의 마법 양탄자

유럽	
12	영국 | 앨리스와 스펜서 백작
13	프랑스 | 소원을 들어주는 빵
14	네덜란드 | 여왕님의 생일 선물
15	독일 | 우리는 동화 마을 방위대
16	스위스 | 납치된 가족은 누구?
17	이탈리아 | 가방이 바뀌었어
18	그리스 | 주문을 외워 봐
19	에스파냐 | 엉뚱 할아버지의 집은 어디?
20	스웨덴 | 삐삐와 바이킹 소년
21	덴마크 | 레고랜드로 간 삼촌
22	러시아 | 나타샤의 꿈
23	체코 | 슈퍼맨 마리오네트
24	루마니아 | 도둑을 잡으러 간 소린

아메리카	
25	미국 | 플루토 스팟을 찾아가요
26	캐나다 | 퍼레이드가 좋아
27	멕시코 | 사라진 태양의 왕국
28	쿠바 | 말랭이 영감 다리 나았네
29	브라질 | 삼촌의 선물
30	페루 | 고마워요, 대장 콘도르
31	칠레 | 펭귄을 데려다 주자

아프리카	
32	이집트 | 파라오의 마음이 궁금해
33	나이지리아 | 힘차게 달려라, 나이지리아
34	케냐 | 마타타의 신나는 사파리 여행
35	남아프리카 공화국 | 루시와 마누는 친구

오세아니아	
36	오스트레일리아 | 오페라 하우스를 그려 봐
37	뉴질랜드 | 하우, 너라면 할 수 있어
38	투발루 | 간장 아가씨, 바닷물을 조심해요

주제권	
39	화폐 | 돈조아 임금님의 퀴즈
40	다문화 | 달라도 괜찮아
41	옷 | 외계인 빠숑 옷 구경 왔네
42	신발 | 클로그를 신을까, 바부슈를 신을까?
43	음식 | 황금 포크는 내 거야
44	스포츠 | 뚱아 덕아 운동 좀 하자
45	괴물 | 유치원에 괴물이 나타났어요

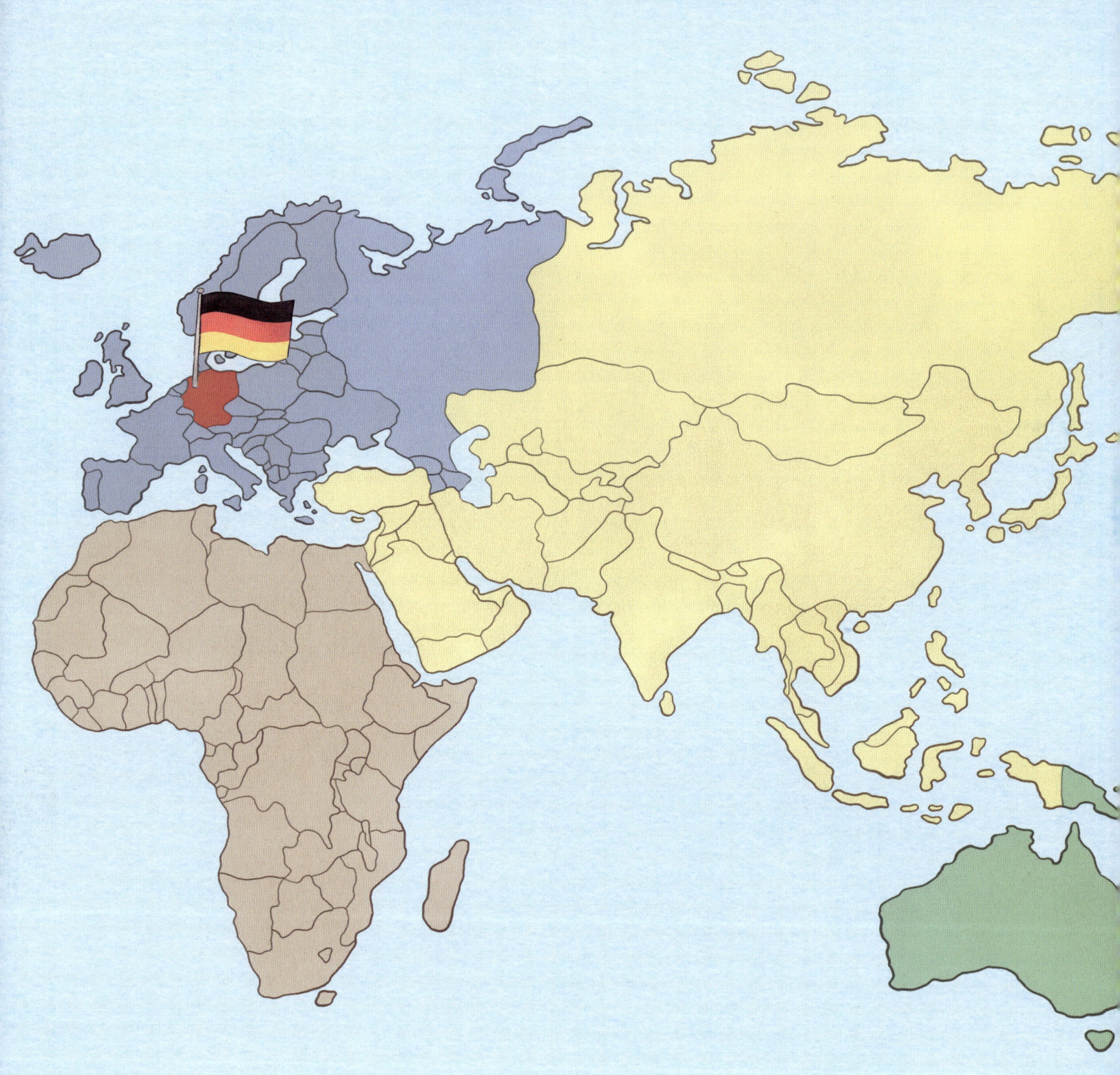

레고랜드로 간
삼촌

글 김빈애 그림 안재선

글 | 김빈애
중앙대학교에서 문예창작을 공부하고, 지금은 어린이 책을 쓰고 만들고 있습니다.
과학, 역사 등의 지식 그림책을 기획하여 만들었고,
쓴 책으로는 〈생일 축하해〉, 〈아가야, 내 말 들려?〉,
〈마음을 얻어 나라를 세우다〉 등이 있습니다.

그림 | 안재선
홍익대학교 목조형가구학과와 영국 브라이튼 대학원
일러스트레이션학과를 졸업하였습니다.
항상 느낌과 고민이 있는 일러스트를 하기 위해 노력하고 있으며,
그린 책으로는 〈움직이는 지구, 움직이는 진리〉, 〈오르세 가는 길〉 등이 있습니다.

누리 세계문화 21 덴마크 레고랜드로 간 삼촌
글 김빈애 | 그림 안재선 | 펴낸이 김의진 | 기획편집총괄 박서영 | 편집 정재은 이영민 김한상 | 글 다듬기 박미향 | 디자인 수박나무
제작·영업 도서출판 누리 | 펴낸곳 Yisubook | 주소 경기도 고양시 일산동구 일산로67, 3층 | 고객상담실 080-890-7000
잘못된 책은 바꾸어 드립니다. 이 책에 실린 글이나 그림을 무단으로 복사, 복제, 배포하는 것을 금합니다.
⚠ 1. 사람을 향해 던지거나 떨어뜨리지 마십시오. 2. 고온 다습한 장소나 직사광선이 닿는 장소에는 보관하지 마십시오.

우리 삼촌은 동화 작가.
돋보기 같은 안경을 쓰고 책도 겨우 읽으면서
한국의 안데르센을 꿈꾸지.
그런데 오늘 쪽지 한 장 달랑 남겨 두고 집을 나갔지 뭐야.
안데르센의 비밀을 연구하러 덴마크에 간다나?
"당장 네 삼촌 찾아와!"
할머니가 내 등을 떠미네.
에후, 언제나 삼촌 뒤치다꺼리가 끝이 날까.

늘 그랬듯이 오늘 밤도, 양들은 잠들었지만 그림자 양들은 또랑또랑.
하나둘 셋 넷, 다 같이 나란히 풍금처럼 발을 맞추어 가요.

매일 밤 그림자 양들이 마당에 새끼 발가락만큼 모여들어,
에헴에헴 선생님이 종을 치고 마지막 점호 자리 동글 가지런하면,

사각사각, 세모 모양 구두 발이 높은 벼랑 위 창문턱 위 성탑*을 향해
수도 코펜하겐의 잠 든 아이 안데르센 창밖에 쌓인 여러 채의

하얀 창틀에 빨간 집이 안데르센의 집이군.

가난뱅이 안데르센은 여기서 첫 번째 책을 썼대.

다행히 관리인이 삼촌을 기억했어.

커다랗고 두꺼운 안경 쓴 동양인이

인어 공주 동상을 보러 떠났대.

생각보다 삼촌을 금방 찾겠는걸.

덴마크 사람들은 환경을 생각해서 자전거를 많이 탄다네.

나도 덴마크 사람처럼 자전거를 빌려 타고 출발.

애고, 그런데 자전거 길이 막힐 줄이야!

인어 공주 동상을 보러 온 사람이 이렇게 많다니!
하긴 〈인어 공주〉는 안데르센의
가장 유명한 작품 가운데 하나니까.
동상은 아름답고 슬픈 것이,
딱 이야기 속 인어 공주 같아.
왠지 이상해서 하늘을 보니, 해가 두 개네.
아, 하나는 달인데 꼭 해처럼 밝은 거구나.
맞아, 지구 북쪽 나라들은
밤이 낮처럼 밝은 백야가 있댔지.
그런데 삼촌은 어디 있을까?
저기, 지나가는 배에 탄 사람이 삼촌을 닮았는데,
아닌가?

배가 고파서 식당에 들어갔어.
덴마크 사람들이 즐겨 먹는 스뫼르레브뢰를 주문했지.
빵 위에 새우와 야채, 치즈가 올라간 음식 말이야.
아, 맞다, 치즈를 듬뿍 얹어 주세요!
덴마크 하면 우유랑 치즈 아니겠어?
일찍부터 덴마크 사람들은 질 좋은 우유와 치즈를 만들었다지.
아, 맛있어, 맛있어! 그런데 계산서가 이게 뭐야, 너무 비싸잖아!

아무래도 삼촌을 놓친 거 같아. 어쩌지?
디자인 박물관을 구경하다 보면 좋은 생각이 날지도 몰라.
덴마크는 우유랑 치즈도 유명하지만 디자인도 유명해.
세계적인 건축가와 가구 디자이너들이 덴마크 사람이라지.
의자 하나가 이렇게 다를 수 있다니!
안데르센도 그렇지만 덴마크 사람들은
새로운 생각을 잘하나 봐.
덕분에 나도 좋은 생각이 떠올랐어.

안데르센이 나고 자란 오덴세, 삼촌은 이곳에 있을 거야.
인형이 살 것같이 작고 예쁜 집들을 보니
안데르센이 어떻게 그렇게 재미있는 동화를 썼는지 알 것 같아.
박물관이 이렇게 예쁘게 생겨도 되는 거야?
안에는 안데르센 동상과 사진, 직접 쓴 원고와 직접 그린 그림이 있어.
세계 여러 나라에서 만든 안데르센 책들도 있네.
물론 한국어 책도!

안데르센은 종이 오리기를 좋아하고 또 잘했구나.
사람들이 직접 종이를 오려서 만들어 볼 수 있는 곳도 있어.
시답잖은 작품이 있어서 보았더니 한글이 쓰여 있네.
공주가 빨간 구두를 신고 춤추는 모습이라고?
안데르센 이야기를 대충 읽은 사람이 틀림없어.
빨간 구두 주인공은 공주가 아니잖아.
그런데 저 글씨가 왜 이렇게 낯이 익지?
앗, 삼촌 글씨다!

안데르센이 태어난 집은 정말 작아.
집만 작은 게 아니라 아버지의 작업장,
침대, 부엌 모두 작아.
가난하고 못생긴 안데르센은
이 작은 집을 벗어나는 상상을 얼마나 많이 했을까?
안데르센은 미운 아기 오리가 백조가 되듯
훌륭한 작가가 되었는데, 삼촌은 뭐람.
방명록에서도 삼촌 글씨를 발견했어.
새로운 동화를 생각하기 위해 레고랜드로 간다고?

덴마크 빌룬트에 오다시 공항이 있어.
레고 테마파크에서 만들었고,
레고랜드는 레고로 지어진 거대한 공원이야.
블록 탑이 있는 성당은 용감한 기사와 비밀이,
상체 크기의 사람과 움직이는 미니어,
세계적으로 유명한 장소와 진풍들,
영화 〈스타워즈〉의 장면 하나하나,
이 모든 것이 레고로 만들어 져있어.

웬 소란이지?
뭐야, 어른이 레고 자동차를 타겠다고 아이와 싸우잖아!
앗, 삼촌!
"너 잘 만났다!
내가 한국에서 안데르센만큼
유명한 동화 작가라고 말 좀 해 줘.
새 작품을 생각 중인데 이걸 지금 꼭 타야 한단 말이야.
엉, 대순아아~~!"

나, 안대순, 삼촌을 끌고 무사히 돌아왔어.
할머니께 용돈을 두둑이 받아서 새 레고랑 안데르센 동화책을 샀지.
안데르센 이야기를 레고로 만들어 볼 생각이야.
삼촌? 그야 물론, 할머니 앞에서 손들고 있지!
아마 석 달 열흘쯤 저러고 있을걸.

여기는 덴마크!

- 정식 명칭: 덴마크 왕국
- 위치: 북부 유럽
- 면적: 약 4만 3천km²
- 수도: 코펜하겐
- 인구: 약 556만 명
- 언어: 덴마크 어
- 나라꽃: 붉은토끼풀

레고랜드
무려 5,000만 개의 플라스틱 레고 블록으로 만들어진 테마 공원이야. 덴마크에서 가장 많은 사람이 방문하는 장소지.

오덴세
커다란 배를 만드는 조선소가 있는 공업 도시야. 동화 작가 안데르센이 태어난 곳이기도 하지. 안데르센 박물관도 볼 수 있어.

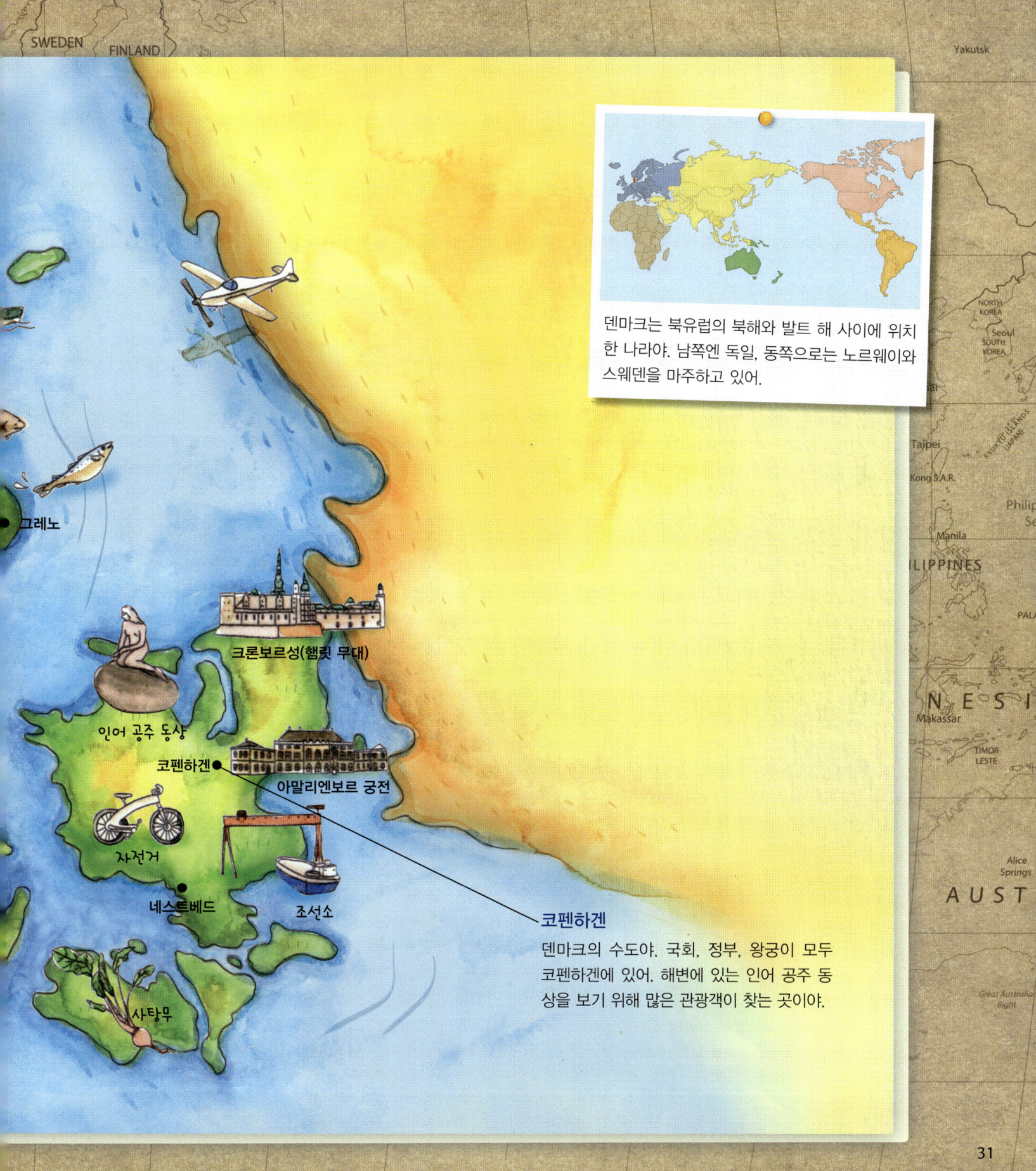

안데르센의 흔적을 찾아서!

동화 작가를 꿈꾸는 삼촌은 안데르센의 비밀을 연구하기 위해 덴마크로 떠났어. 〈미운 아기 오리〉, 〈인어 공주〉, 〈성냥팔이 소녀〉 등 수많은 동화가 덴마크를 배경으로 쓰였거든. 동화의 아버지, 안데르센의 흔적을 찾아가 볼까?

안데르센이 태어난 마을_오덴세

오덴세는 북유럽 신화에 나오는 신 '오딘'의 이름에서 따온 거야. 오덴세에는 한 여신이 오덴세를 가리키며 신 오딘처럼 위대한 사람이 태어날 거라고 말했다는 전설이 전해져. 오덴세 사람들은 그 주인공이 안데르센이라 믿지. 이곳에는 안데르센이 태어나 열두 살 때까지 살았던 집이 있어. 시청 건너편에는 동화 〈미운 아기 오리〉의 배경이 된 안데르센 공원도 있지.

모든 작품을 만날 수 있는 _박물관

안데르센 박물관에는 안데르센이 직접 쓴 원고와 편지, 그가 사용했던 책상 등이 전시되어 있어. 세계 각국의 언어로 나온 안데르센 동화집이 6,000여 권이나 있지. 또한 안데르센이 종이를 오려서 모양을 만든 다양한 종이 작품과 여행을 다니며 그린 그림도 만날 수 있어.

모두의 사랑을 받은 주인공_인어 공주

안데르센은 열네 살 때 배우가 되고 싶어 코펜하겐으로 갔어. 비록 배우의 꿈을 이루진 못했지만 동화 작가가 되었지. 시청 광장에는 안데르센의 동상이 있고, 뉘하운 항구를 따라 걷다 보면 인어 공주 동상을 만날 수 있어. 맥주 회사 사장이 왕립 극장에서 공연한 발레 〈인어 공주〉를 보고 감동받아 세웠대.

이런 게 궁금해요!

레고랜드의 건물은 정말 모두 레고로 만든 걸까? 덴마크 디자인 박물관에는 어떤 것들이 전시되어 있을까? 이 밖에 동화 같은 장소들은 어디일까? 덴마크에 대해 궁금한 것들을 알아보자.

레고랜드는 장난감 블록으로 만들었어?

레고는 덴마크 어로 '잘 논다'라는 뜻이야. 목수였던 크리스티얀센이 자신이 상상하는 대로 무엇이든 만들 수 있는 장난감을 궁리하다가 만들었다고 해. 레고랜드는 1968년 덴마크의 빌운트에 처음 만들어졌어. 5천만 개가 넘는 레고 블록으로 만든 세계 곳곳의 멋진 성과 건축물 등을 볼 수 있지.

요새를 고쳐 만든 성이 있어?

셰익스피어의 소설 <햄릿>의 배경이 된 영국의 엘시노어 성은 덴마크의 크론보르 성을 본떠 만든 거야. 크론보르 성은 스웨덴의 침입을 막기 위해 셸란에 세워진 요새였는데, 후에 프레데리크 2세가 이를 화려하게 꾸며 성으로 사용했지. 왕실의 방, 무도회장 등을 볼 수 있어.

디자인 박물관엔 어떤 작품이 있어?

아르네 야콥센, 야콥 옌센, 코레 클린트 등 가구 디자이너들의 작품이 전시되어 있어. 특히 아르네 야콥센은 형태를 단순하게 만든 의자 디자이너로 유명해. 모양이 허리가 잘록한 개미를 닮았다고 해서 개미 의자로도 불려. 당시에는 의자를 주로 나무로 만들어 크고 무거웠기 때문에 야콥센이 만든 개미 의자는 신선하고 새로웠어.

티볼리 공원은 원래 왕실 정원이었어?

카르스텐센이란 사람이 왕에게 왕실 정원을 코펜하겐 시민들이 쓸 수 있는 공원으로 만들어 달라고 청했어. 왕은 당시 주변 국가와 싸움이 잦아 불안해하는 시민들을 달래 주고자 이를 허락했지. 공원 안에는 제트코스터, 회전목마 등의 놀이 기구, 팬터마임 극장, 야외 음악당 등이 있어. 안데르센도 이곳을 자주 찾았다고 해.

바다가 서로 경계를 이루는 곳이 있어?

덴마크의 북쪽 끝에 위치한 스카겐 지역에서는 바다와 바다가 만나 하나의 띠를 만들어 경계를 이룬 특이한 광경을 볼 수 있어. 이곳은 발트 해와 북해가 만나는 지점인데, 두 바다의 염분 농도가 달라서 서로 섞이지 않기 때문이래. 이 지역 사람들은 이곳을 세계의 끝이라 불러.

일러두기
1. 맞춤법, 띄어쓰기는 국립국어원에서 펴낸 〈표준국어대사전〉을 기준으로 삼았습니다.
2. 외국 인명, 지명은 국립국어원의 〈외래어 표기 용례집〉을 따랐습니다.

사진제공
토픽이미지, 유로크레온, 연합뉴스, Gettyimages, Imagekorea, 몽골문화촌

재미있는 누리 세계문화

아시아
- 01 중국 | 황제를 만난 타오
- 02 일본 | 요코의 화과자
- 03 베트남 | 할아버지는 어디 계실까?
- 04 태국 | 무아이타이 고수를 찾아라
- 05 필리핀 | 차코의 소원
- 06 인도네시아 | 엄마와 함께 바롱 댄스를
- 07 몽골 | 게르에서 살까?
- 08 네팔 | 정말 예티일까?
- 09 인도 | 하누만, 소원을 들어주세요
- 10 사우디아라비아 | 지금은 라마단
- 11 터키 | 할아버지의 마법 양탄자

유럽
- 12 영국 | 앨리스와 스펜서 백작
- 13 프랑스 | 소원을 들어주는 빵
- 14 네덜란드 | 여왕님의 생일 선물
- 15 독일 | 우리는 동화 마을 방위대
- 16 스위스 | 납치된 가족은 누구?
- 17 이탈리아 | 가방이 바뀌었어
- 18 그리스 | 주문을 외워 봐
- 19 에스파냐 | 엉뚱 할아버지의 집은 어디?
- 20 스웨덴 | 삐삐와 바이킹 소년
- 21 덴마크 | 레고랜드로 간 삼촌
- 22 러시아 | 나타샤의 꿈
- 23 체코 | 슈퍼맨 마리오네트
- 24 루마니아 | 도둑을 잡으러 간 소린

아메리카
- 25 미국 | 플루토 스팟을 찾아가요
- 26 캐나다 | 퍼레이드가 좋아
- 27 멕시코 | 사라진 태양의 왕국
- 28 쿠바 | 말랭이 영감 다리 나았네
- 29 브라질 | 삼촌의 선물
- 30 페루 | 고마워요, 대장 콘도르
- 31 칠레 | 펭귄을 데려다 주자

아프리카
- 32 이집트 | 파라오의 마음이 궁금해
- 33 나이지리아 | 힘차게 달려라, 나이지리아
- 34 케냐 | 마타타의 신나는 사파리 여행
- 35 남아프리카 공화국 | 루시와 마누는 친구

오세아니아
- 36 오스트레일리아 | 오페라 하우스를 그려 봐
- 37 뉴질랜드 | 하우, 너라면 할 수 있어
- 38 투발루 | 간장 아가씨, 바닷물을 조심해요

주제권
- 39 화폐 | 돈조아 임금님의 퀴즈
- 40 다문화 | 달라도 괜찮아
- 41 옷 | 외계인 빠송 옷 구경 왔네
- 42 신발 | 클로그를 신을까, 바부슈를 신을까?
- 43 음식 | 황금 포크는 내 거야
- 44 스포츠 | 뚱아 덕아 운동 좀 하자
- 45 괴물 | 유치원에 괴물이 나타났어요

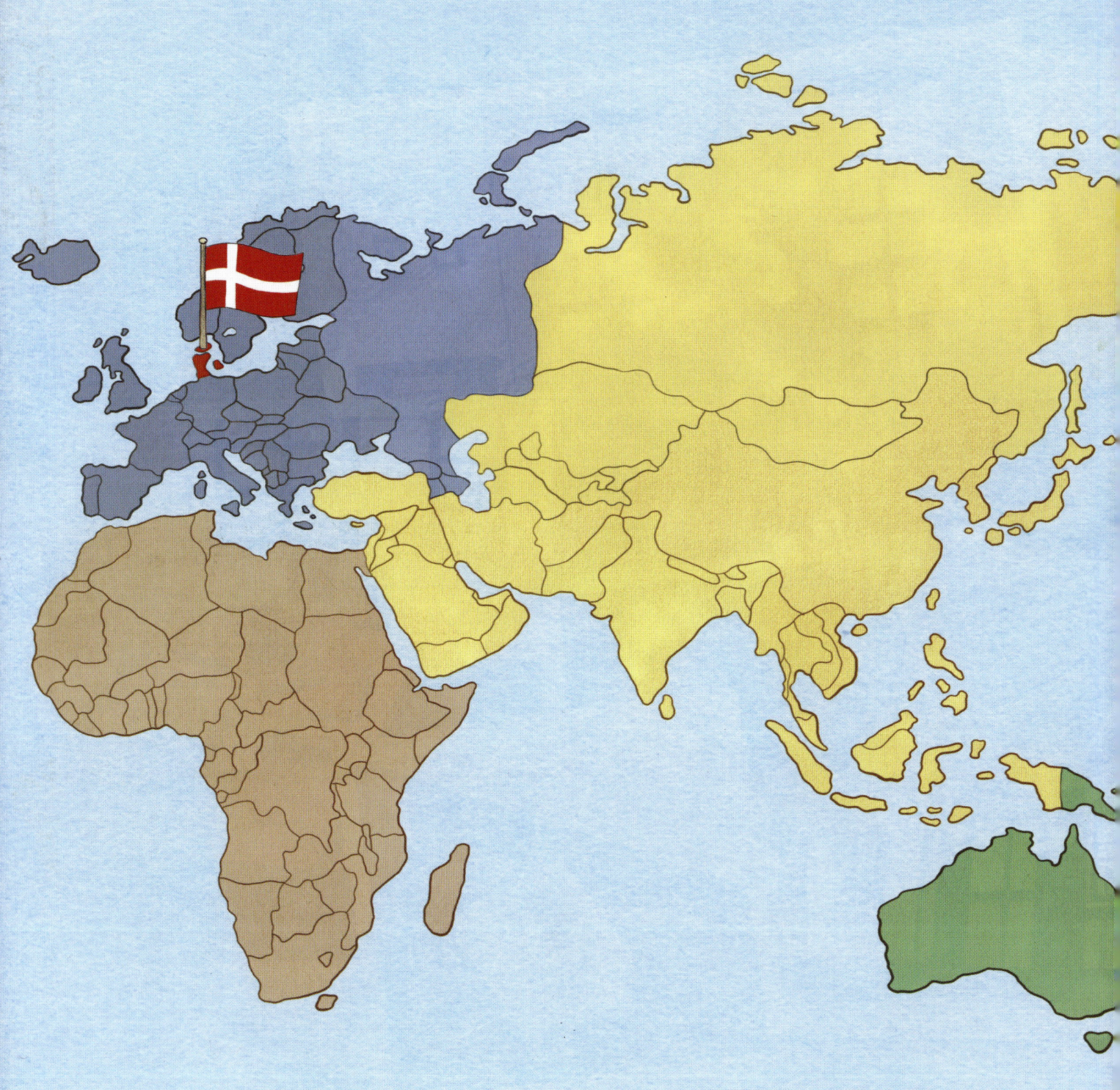